Gudrun Hettinger

Kunterbunte Schultüten

Creativ Compact

CHRISTOPHORUS

Inhalt

Der erste Schultag

Eltern können vieles dafür tun, dass der erste Schultag zu einem schönen Erlebnis für ihr Kind wird. Besonders wichtig ist zum Beispiel immer noch die traditionelle Schultüte. Der frisch gebackene ABC-Schütze kann sich in der Aufregung nicht nur an ihr festhalten, sondern sie auch noch stolz präsentieren. Das wichtige Foto „Mein erster Schultag" wird von einer originellen Schultüte erst gekrönt und bleibt für lange Zeit in Erinnerung. Besonders stolz sind die Kinder, wenn die Tüte selbst gebastelt wird und sie dabei mithelfen und ihre Wünsche verwirklichen können.
Auch der Inhalt lässt die Kinderherzen höher schlagen. Was ist in dieser großen Wundertüte alles versteckt? Außer Leckereien finden Malstifte, lustige Radiergummis und andere Utensilien für die Schule ihren Platz und natürlich ein paar kleine Spielsachen.
Oft wird zum Schulbeginn ein Fest mit Freunden und Verwandten, zum Beispiel mit den Paten und den Großeltern, gefeiert. Deshalb finden Sie in diesem Buch auch Einladungskarten und Tischdekorationen für das begleitende ABC-Fest. Dazu gibt es noch viele passende Utensilien wie Stundenpläne, Bilderrahmen, Sammelmappen und Stifteboxen, die sich sehr gut als Geschenk für den Erstklässler eignen.

Ihnen und Ihrem Kind wünsche ich beim Gestalten Ihrer Schultüte viel Freude und einen unvergesslichen Schulanfang!

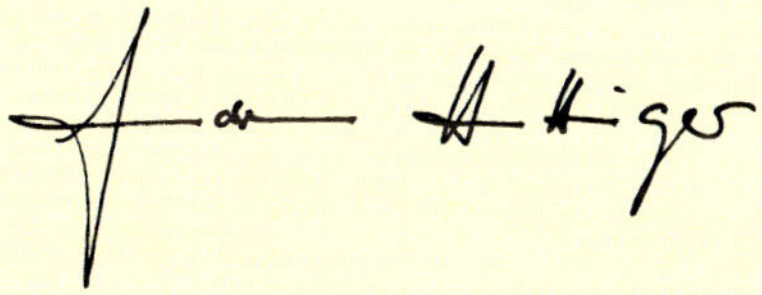

Besuchen Sie meine Homepage: www.gudrun-hettinger.de

Material, Technik und Tipps

Schultütenrohlinge

Im Handel werden Schultütenrohlinge in verschiedenen Ausführungen angeboten. In diesem Buch habe ich folgende Tüten verwendet:

- Rund geklebte Schultütenrohlinge aus Pappe, weiß oder farbig, 70 cm hoch, 20 cm Ø (auch aus Fotokarton erhältlich)
- Rund geklebte Schultütenrohlinge aus Regenbogen-Fotokarton, 70 cm hoch, 20 cm Ø
- Schultütenzuschnitte aus 3D-Wellpappe, sechseckig vorgestanzt, mit Steckverschluss, 68 bis 69 cm hoch, 20 cm Ø
- Minischultüten aus Pappe, 35 cm

Außerdem gibt es Zuschnitte aus Fotokarton zum Zusammenkleben.

Tipps

- Schultüten mit Steckverschluss sollten zusätzlich geklebt werden.
- Wenn Sie aus einem sechseckigen Tütenzuschnitt eine dreieckige Tüte anfertigen wollen, sollten Sie die nicht gefalteten Falzlinien zur Verstärkung innen mit einem Karton- oder Pappstreifen hinterkleben.

Selbst zugeschnittene Schultüten

Schultüten können auch nach Vorlage A1 aus einem Bogen Fotokarton selbst hergestellt werden. Die Tüten sind etwas kleiner, da der handelsübliche Fotokarton nur im Format 50 x 70 cm erhältlich ist. Geschwistertüten entstehen nach Vorlage A2.

1 Die Tütenform von der Vorlage mit Kohlepapier auf Fotokarton übertragen und ausschneiden.

2 Die Falzlinie mit dem Falzbein bzw. mit einer geschlossenen Scherenspitze am Lineal entlang einritzen.

3 Die Tütenform mehrmals kräftig über eine Tischkante ziehen, damit sie sich besser rollen lässt, und zusammenkleben. Als Klebstoff eignen sich Heißkleber, UHU Alleskleber Kraft im Kontaktklebeverfahren oder ein doppelseitiges Klebeband.

Hilfsmittel

Bleistift, Kohlepapier, Transparentpapier, Fotokarton für Schablonen, Schere, Cutter, Schneideunterlage, Heißkleber, UHU Alleskleber Kraft, eventuell doppelseitiges Klebeband

Abschlussmanschette

In der Regel erhalten die Schultüten einen Abschluss mit einer Manschette aus Krepppapier. Krepppapier, 32 g/qm, gibt es in vielen Farben als Rollen von 250 x 50 cm. Stabiler ist Alu-Krepp, 72 g/qm. Eine Krepppapier-Rolle ist ausreichend für zwei Manschetten. Der Abfall kann noch für einen in Form geschnittenen Abschlussstreifen am Tütenrand aufgeklebt oder zur Verzierung der Spitze verwendet werden.

1 Das Krepppapier zuschneiden: Bei einer einlagigen Manschette etwa 125 x 40 cm, bei einer zweilagigen Manschette 125 x 35 cm für die äußere Lage, und 125 x 40 cm für die innere. Bei den Geschwistertüten beträgt der Zuschnitt 30 x 80 cm.

2 Den oberen Rand der Krepppapiermanschette entweder mit einer Zierrandschere nachschneiden oder das Krepppapier ziehharmonikaartig zusammenfalten und Bogen- oder Spitzenformen einschneiden.

3 Die Manschette mit Heißkleber oder Klebstoff so am Tüteninnenrand befestigen, dass kein Klebstoff herausquillt. Den Kleber nur abschnittweise auftragen und die Manschette sofort gekräuselt oder in Falten festdrücken. Stets an der Tütennaht beginnen, Anfang und Schluss überlappen lassen. Bei einer doppelten Manschette zuerst den schmäleren Außenstreifen festkleben, darauf das breitere Innenteil.

Tütenspitze

Die Spitze nach der Vorlage entweder aus Krepppapier oder Fotokarton zuschneiden und Naht auf Naht auf die Tüte kleben. Für runde und eckige Tüten gibt es unterschiedliche Schnitte.

Schleifen

Zum Zubinden der Manschetten eignen sich Bänder aller Art. Sehr schön sind Schleifenbänder mit einer formbaren Drahtkante. Für eine großzügige Schleife wird ca. 1,50 m Band benötigt.

Anfertigung von Schablonen

Das Motiv vom Vorlagebogen auf Transparentpapier pausen, auf einen dünnen Karton kleben und ausschneiden.
Oder: Die Vorlagen auf ein 140 bis 160 g/qm starkes Papier fotokopieren und direkt ausschneiden.

Für ABC-Schützen

Material

- Spitztüten aus Pappe in Weiß:
  - 70 cm
  - 35 cm
- Krepppapier in Gelb, Orange
- Fotokarton in Hautfarbe, Gelb, Orange, Rot, Blau, Grün, Ocker
- Zahlen und Buchstaben aus Fotokarton, 23 mm
- Chenilledraht in Hautfarbe
- Rest eines Schwamms
- Buntkordel oder Garn
- Taftband:
  - in Orange, 25 mm
  - in Gelb, 40 mm
- 2 Klebepunkte in Schwarz, 7 mm Ø
- Dicke Holzbuntstifte
- Wasserfeste Filzstifte in Schwarz, Rot
- Gelstifte in Weiß, Silber
- Lochzange, Bürolocher
- Klebekissen

Vorlagen

B1 (Schultüte)
B2 (Geschwistertüte)

Tipp
Gestanzte Zahlen und Buchstaben gibt es auch aus Wellpappe, Moosgummi und Filz

Schultüte

1 Mit Buntstiften Linien und Kringel so auf die weißen Tüten malen, dass sich die Linien immer wieder kreuzen.

2 In die Tüte erst eine schmale Manschette von 125 x 9 cm, dann eine zweite von 125 x 40 cm einkleben (s. Seite 5).

3 Figur, Bleistifte und Tafel nach den Vorlagen ausschneiden und zusammenkleben. Punkte mit dem Locher stanzen und auf dem Halstuch fixieren. Das Muster der Schuhe mit dem Cutter ausschneiden und blau hinterkleben.

4 Schriftzug und Hosenmuster mit silberfarbenem Gelstift aufmalen. Das Gesicht mit Filzstiften ausgestalten. Klebepunkte als Augen platzieren und mit weißem Gelstift oder mit Acrylfarbe Lichtpunkte setzen.

5 Für Arme und Beine jeweils einen 10 cm langen Chenilledraht hinter das T-Shirt kleben. Den Jungen auf der Tüte fixieren und ein Schwämmchen an der Tafel befestigen.

6 Die Tüte mit Buchstaben, Zahlen und Bleistiften ausschmücken.

Geschwistertüte

Die Minitüte entsteht ähnlich wie die große Schultüte, jedoch mit kleineren Bleistiften und mit einer Tafel anstelle der Figur. Eine Manschette von 30 x 80 cm aus gelbem Krepppapier einkleben.

ABC-Fest

Material

- Laternenfolie, milchig
- Crea-Pop-Lampenschirmchen oder Crea-Pop-Folie zum Zuschneiden
- Fotokarton in Weiß, Gelb, Rot, Pink, Blau, Hellgrün, Dunkelgrün, Ocker, Schwarz
- Sonnenschilder in Weiß
- Zahlen und Buchstaben aus Fotokarton, 23 mm
- Schraubdeckel, 7 cm Ø (für Windlichtboden)
- Schwammstückchen
- Buntkordel oder Garn
- Dicke Holzbuntstifte
- Gelstift in Silber
- Klebekissen
- Zackenschere

Zuschnitte

Tischkarte:
10,5 x 7,5 cm (gefaltet)

Karte:
15 x 10,5 cm (gefaltet)

Vorlagen

B1 (Bleistifte der Windlichter), B2 (Tafeln und Bleistift der Karten), B3 (Schirmchen)

Anleitung Seite 10

C1

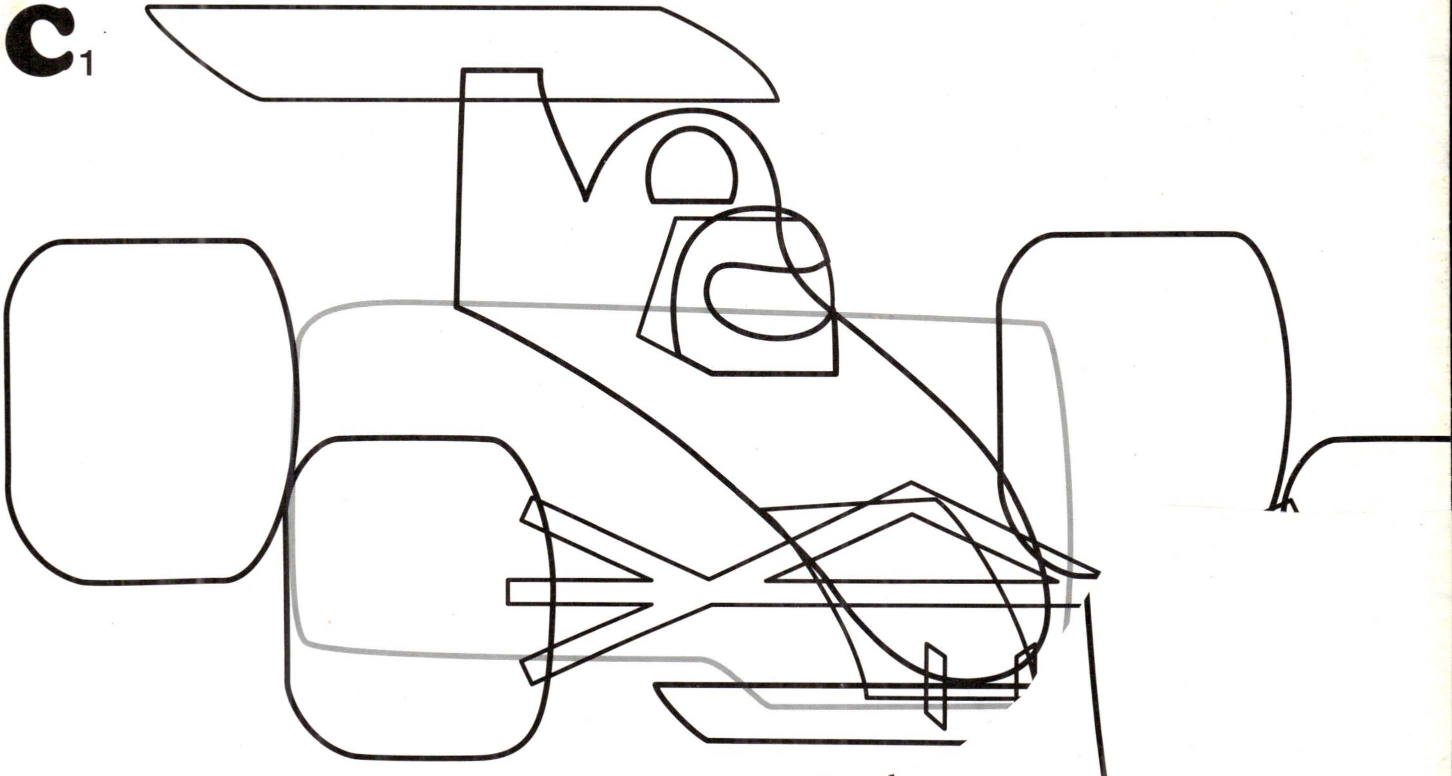

en/Einschneiden

Zackenschere

Aufzeichnen

Bruchlinie/Stoffbruch

Wackelaugen

Lochen

Klebefläche

Verlängerung

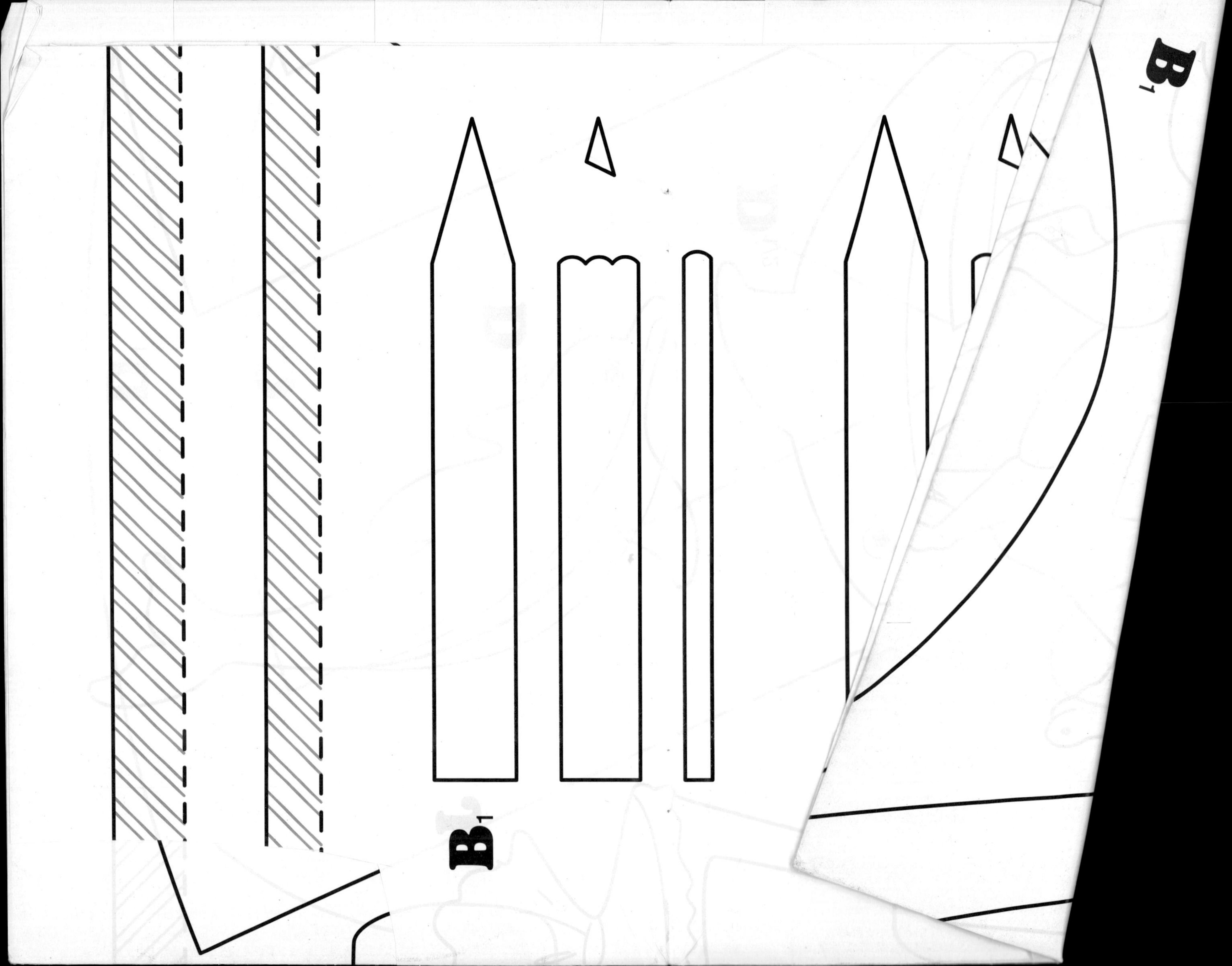
B1
B1

Freiburg im Breisgau

Reinzeichnungen: art und weise, Freiburg

verkleinerte Übersicht

E1

Vorlagebogen 2 zur Reihe Creativ Compact
„Kunterbunte Schultüten“
von Gudrun Hettinger

ISBN 3-419-56672-7

FWG
324
LEA
VANESSA
Mein erster Schultag
Einladung
SVEN

Material

Schultüte

- Spitztüte aus Pappe in Grün, 70 cm
- Regenbogen-Krepppapier
- Fotokarton in Weiß, Gelb, Rot, Schwarz, Silber
- Doppelkarte in Gelb, DIN A5
- Band mit Drahtkante in Silber, 25 mm
- Wasserfester Filzstift in Schwarz
- Klebekissen

Vorlagen

C1 (Schultüte)
C2 (Karte)

Formel-1-Rennwagen

1 Eine Manschette aus Krepppapier mit spitz eingeschnittenem Rand einkleben (s. Seite 5) und eine Tütenspitze anpassen.

2 Autos und Fahnen nach den Vorlagen ausschneiden und aufeinander kleben. Die Räder in Seitenansicht mit Klebekissen anbringen. Die Fahnen mit dem Karomuster bemalen. Alle Teile auf die Tüte bzw. auf die Karte kleben.
Tipp: Die Fahnen von der Vorlage auf weißen Tonkarton fotokopieren und ausschneiden, so entfällt das Aufmalen.

ABC-Fest

Abbildung und Materialangaben Seite 8/9

Einladungskarte und Tischkarten nach den angegebenen Maßen aus Fotokarton anfertigen (s. Material), die Dekoteile nach den Vorlagen ausschneiden. Schwämmchen mit einer Buntkordel oder Garn an den Tafeln befestigen. Die Karten mit einem Gelstift beschriften.
Für die ***Windlichter*** je eine Lampenschirmfolie in der Größe von 11 x 24 cm zuschneiden. Eine Längskante mit der Zackenschere nachschneiden. Mit Buntstiften Wellenlinien und Kringel auf die Folie malen. Den Streifen um einen Schraubverschluss kleben. Die Windlichter mit gebastelten Bleistiften (Klebekissen zum Aufkleben verwenden) oder mit Buchstaben verzieren.
Für die ***Lampenschirmchen*** entweder fertig gestanzte Schirmchen verwenden oder nach der Vorlage Formen aus Crea-Pop-Folie zuschneiden. Die Schirmchen mit Wellenlinien und Kringeln bemalen und mit gestanzten Buchstaben und Zahlen bekleben. Zusätzliche Schirmchen mit aufgeklebten Namen dienen als Abdeckung für die Trinkbecher.
Die ***Sonnenschilder*** von den Kindern frei gestalten lassen.

Eine guten Start
in die Schule

Material

Schultüte

- Spitztüte aus Pappe in Weiß, 70 cm
- Regenbogen-Krepppapier
- Alu-Krepppapier in Silber
- Weißes Papier
- Fotokarton in Orange, Hellblau, Dunkelblau
- Wackelaugen:
  - rund, 7 mm Ø
  - oval, 7 mm
- Band mit Drahtkante in Rot, Blau-Grün, 25 mm
- Weißleim oder Sprühkleber
- Wellenschere
- Wasserfeste Filzstifte in Schwarz, Rot

Accessoires

- Stiftebox aus Pappe, 20,2 x 6,8 x 2,7 cm
- Stundenplan
- Graupappe, DIN A4
- Buntkordel o. Ä. für die Aufhängung
- Album mit Passepartoutstanzung, DIN A4
- Fotokarton in Gelb
- Bürolocher

Vorlagen

D1 (Schultüte)
D2 (Accessoires)

Delfine & Seesternchen

Schultüte

1 Die Tüte mit Krepppapier in Silber beziehen, die Tütenspitze mit Regenbogen-Krepppapier gestalten.

2 Eine Manschette aus Regenbogen-Krepppapier und eine weitere aus silberfarbenem Krepppapier zuschneiden (s. Seite 5), die Ränder mit der Wellenschere gestalten und beide Lagen nacheinander einkleben.

3 Delfine und Seesterne nach den Vorlagen herstellen und Wackelaugen aufkleben. Die Seesterne mit Filzstiften ausgestalten. Für die Wellen Regenbogen-Krepppapier auf weißes Papier aufziehen, die Form auf das weiße Papier zeichnen und ausschneiden.

4 Delfine, Seesterne und Wellen auf der Tüte platzieren. Den Übergang von der Tütenspitze zum silberfarbenen Teil mit einer Welle überkleben.

Accessoires

Das ***Album***, den Deckel der ***Stiftebox*** und die Graupappe für den ***Stundenplan*** mit Krepppapier beziehen und der Abbildung entsprechend mit Delfinen, Seesternen und Wellen verzieren. Beim Stundenplan eventuell oben zwei Löcher stanzen und ein Aufhängeband anbringen.

Meine Schulfreunde

Tiefseetaucher

Material

Schultüte

- Spitztüte aus Pappe in Weiß, 70 cm
- Krepppapier in Hellblau
- Alukrepp in Blau
- Fotokarton in Hautfarbe, Gelb, Orange, Rot, Grün, Hell- und Dunkelblau, Schwarz
- Selbstklebende Hologrammfolie in Silber
- Wackelaugen, 8 und 10 mm Ø
- Band mit Drahtkante in Silber, 25 mm
- Acrylfarbe in Blau
- Schwamm
- Weißleim oder Sprühkleber
- Lochzange oder Bürolocher
- Wasserfeste Filzstifte in Schwarz, Rot
- Holzbuntstift in Rot

Accessoires

- Stiftebox (Utensilo) aus Pappe, 8 x 8 x 11 cm
- Ordnungsmappe aus Karton mit Eckspannergummi, DIN A4
- Pinsel

Vorlagen
E1 (Schultüte)
E2 (Mappe)
E3 (Box)

Schultüte

1 Die Tüte mit blauer Farbe gestalten: Mit dem Schwamm wenig Farbe aufnehmen, überschüssige Farbe auf Papier abstreifen und die Tüte leicht betupfen.

2 Für die Manschette Alukrepp in Blau und Krepppapier in Hellblau zuschneiden (s. Seite 5), den oberen Rand bogenförmig nachschneiden und die Lagen nacheinander einkleben. Die Tütenspitze mit blauem Alukrepp gestalten.

3 Taucher, Fische, Seepferdchen und Wasserpflanzen nach den Vorlagen ausschneiden und zusammenfügen. Einzelne Teile der Abbildung entsprechend mit Hologrammfolie bekleben. Gesichter mit Filz- und Buntstiften aufmalen und die Wackelaugen fixieren. Punkte zur Verzierung entweder mit der Lochzange oder dem Bürolocher stanzen. Alle Motive auf der Tüte platzieren.

Accessoires

Die ***Mappe*** sowie die ***Stiftebox*** innen und am Rand blau grundieren und trocknen lassen. Außen mit Krepppapier bekleben und mit den Motiven verzieren.

Tipp

Mit Fiskars-Locherzangen oder Mini-Lochern können Sie auch etwas größere Punkte ausstanzen.

Für coole Kicker

Material

Schultüte

- Spitztüte aus Pappe in Grün, 70 cm
- Regenbogen-Krepppapier
- Fotokarton in Weiß, Hautfarbe, Gelb, Rot, Blau, Schwarz
- Baumwollgitter in Grün, 40 mm
- Band in Rot, 25 mm
- Gelstift in Silber
- Wasserfeste Filzstifte in Schwarz, Rot

Accessoires

- Stundenplan
- Graupappe, DIN A4
- Buntkordel o. Ä. für die Aufhängung
- Zettelblock mit Box, 9,5 x 9,5 x 9,5 cm
- Bürolocher

Vorlagen

F1 (Schultüte)
F2 (Stundenplan)

Schultüte

1 Eine Manschette aus Regenbogen-Krepppapier mit bogenförmig eingeschnittenem Rand in die Tüte kleben. Die Spitze ebenfalls aus Krepppapier aufkleben. Den Tütenrand mit Netzband verzieren.

2 Die Teile des Fußballers nach der Vorlage ausschneiden und zusammenkleben. Das Gesicht mit Filz- und Buntstiften gestalten. Das Muster an den Schuhen mit einem silberfarbenem Gelstift aufmalen. Die Figur auf der Tüte platzieren.

3 Fußbälle anfertigen: Aus einer weißen Fotokartonscheibe fünfeckige Felder mit dem Cutter ausschneiden und mit einer schwarzen Scheibe hinterkleben. Die Verbindungslinien mit einem Filzstift nachziehen. Alternativ die Vorlage direkt auf weißen Tonkarton fotokopieren und den Ball ausschneiden.

Accessoires

Die Pappe für den ***Stundenplan*** mit Krepppapier bekleben. Den Stundenplan fixieren und unten einen Rasenstreifen anbringen. Drei Fußbälle wie oben beschrieben gestalten und aufkleben. Beim Stundenplan eventuell oben zwei Löcher stanzen und ein Aufhängeband anbringen. Die ***Zettelbox*** ebenfalls mit einem Fußball verzieren.

11
TURBO KICKER
Eric Geuchen
Käptn vor, noch ein Tor
KERLE
13

Hübsche Prinzessin

Material

- Schultüten-Zuschnitt aus 3D-Wellpappe in Regenbogenfarben, sechseckig, 68 cm
- Alu-Krepp in Gold
- Fotokarton in Hautfarbe
- Chenilledraht in Hautfarbe
- Bastelfilz in Violett
- Spitzenband, 30 mm
- Tüllband in Weiß, 15 cm
- Zwirn in Weiß
- Band mit Drahtkante in Apricot, 25 mm
- Wollreste in Gelb
- 2 Klebepunkte in Schwarz, 7 mm Ø
- Wasserfeste Filzstifte in Schwarz, Rot
- Holzbuntstift in Rot
- Gelstift in Weiß
- Holzhände, 12 x 24 mm
- Holzschuhe, 32 x 24 mm
- 19 Plastikperlen in Apricot, 4 mm Ø
- Silberdraht, 0,35 mm
- Acrylfarbe in Gold
- Pinsel
- Lochzange
- Zange
- Nähnadel
- Bastelkleber

Vorlage G

1 Die sechseckige Tüte zu einer dreieckigen Form falten und zusammenkleben. Die nicht gefalteten Falzlinien zur Verstärkung innen mit einem Kartonstreifen hinterkleben.

2 Sechs Schleifen anfertigen: Jeweils einen Tüllstreifen von 55 x 15 cm zusammenraffen, in der Mitte mit Silberdraht abbinden und den Draht mit einer Zange zusammendrehen. Am oberen Tütenrand auf jeder Seite mit der Lochzange zwei Löcher in gleichmäßigen Abständen ausstanzen. Die Drähte der Schleifen durchstecken und innen festkleben.

3 Eine Manschette aus Gold-Krepppapier mit spitz eingeschnittenem Rand einkleben (s. Seite 5).

4 Den Kopf nach der Vorlage aus Fotokarton ausschneiden. Für die Haare einen 26 cm langen Wollstrang in der Mitte abbinden, am Kopf festkleben und Ponyfransen schneiden. Das Gesicht mit Filzstiften ausgestalten. Klebepunkte als Augen aufkleben und mit weißem Gelstift Lichtpunkte setzen. Für die Krone Krepppapier auf Fotokarton aufkleben, die Form ausschneiden und zusammenkleben.

5 Das Kleid aus Filz zuschneiden. Die Spitzenbänder der Vorlage entsprechend festkleben. Als Ärmel jeweils ein 15 cm langes Band in Falten legen und innen an den Armausschnitten befestigen. Für den Rock einen Tüllstreifen von 55 x 15 cm zuschneiden. Den oberen Rand mit einem Faden aufreihen. Den Faden zusammenziehen und verknoten und den Rock in Höhe der Taille auf das Kleid kleben. Als Gürtel eine Schleife umbinden.

6 Kopf, Kleid und jeweils 11 cm lange Arme und 15 cm lange Beine aus Chenilledraht auf der Tüte fixieren. Holzhände und goldfarben bemalte Holzschuhe festkleben.

Kleine Indianer

1 Die sechseckige Tüte zu einer dreieckigen Form falten und zusammenkleben. Die nicht gefalteten Falzlinien zur Verstärkung innen mit einem Kartonstreifen hinterkleben.

2 Jeweils eine Manschette aus Regenbogen-Krepppapier mit spitz eingeschnittenen Rändern einkleben (s. Seite 5). Die Tütenspitzen ebenso mit Regenbogen-Krepp gestalten.

3 Die Köpfe aus Fotokarton ausschneiden. Die Gesichter mit Filzstiften und Acrylfarben ausgestalten. Für die Haare 1 cm breite Streifen aus Langhaarplüsch auf der Gewebeseite ausschneiden, aufkleben und teilweise am Hinterkopf befestigen. Für Zöpfe je einen Streifen aufrollen, festkleben und den Ansatz mit einer Kordel verdecken.

4 Für die Indianerin Jute von 19 x 22 cm zuschneiden und so zusammenkleben, dass ein 10 cm breites, oben und unten offenes Kleid entsteht. An der Taille eine Buntkordel mit der Sticknadel einziehen und beidseitig verknoten. Aus Filz das Oberteil, den Rocksaum, das Haarband und weitere Verzierungen gestalten. Haarband und Rocksaum mit geflochtenen Buntkordeln schmücken. 11 cm lange Arme und 14 cm lange Beine aus Chenilledraht einkleben. Holzhände und -schuhe bemalen und festkleben. Tonkrug anbringen.

5 Die Hosenbeine des Indianers aus Jute doppelt legen und seitlich zusammenkleben. Das Hemd doppellagig zuschneiden und an den Ärmeln ausfransen. Haare und Kleidung mit dem gelben Satinband und der roten Zickzack-Bordüre verzieren. Arme von je 11 cm und Beine von je 14 cm einkleben. Holzhände und -schuhe bemalen und festkleben. Für das Beil den Zweig einschneiden, die Schneide aus Fotokarton einklemmen und mit einem Baststreifen fixieren.

6 Die Figuren zusammen mit den Indianerfedern auf die Tüten kleben. Tüten- und Spitzenrand verzieren.

Material

Für beide Tüten

- Schultüten-Zuschnitt aus 3D-Wellpappe in Gelb oder Weiß, sechseckig, 68 cm
- Regenbogen-Krepppapier
- Fotokarton in Hellbraun
- Jutestoff in Natur
- Chenilledraht in Hellbraun
- Holzhände, 12 x 24 mm
- Holzfüße, 40 x 28 mm
- Langhaarplüsch in Schwarz
- Indianerfedern
- Acrylfarben in Weiß, Gelb, Rot, Braun
- Pinsel
- Wasserfeste Filzstifte in Schwarz, Rot
- Gelstift in Weiß

Indianermädchen

- Filz in Rot, Gelb
- Buntkordel
- Kleiner Tonkrug
- Bunte Holzperlenmischung, 8 mm Ø
- Zwirn
- Sticknadel
- Zackenschere

Indianerjunge

- Satinband in Gelb, 1,5 cm
- Zickzack-Bordüre aus Filz in Rot
- Fotokartonrest in Silber
- Zweig
- Bastrest in Braun

Vorlagen

H1 (Indianermädchen)
H2 (Indianerjunge)

Ritterburg

Material

- Versandröhre, 52 cm, 12 cm Ø
- Schuhkarton aus Pappe ohne Deckel, 31 x 22 x 12 cm
- Beidseitig mit Papier beklebte Wellpappe, z. B. von einem Pappkarton (für den Verschlussdeckel)
- Feinripp-Wellpappe
- Motiv-Fotokarton „Ziegelsteine“
- Fotokarton in Grau, Braun, Schwarz

Vorlage I

1 Das untere Teil der Röhre auf eine Länge von 38,5 cm mit Wellpappe ummanteln. Den dazugehörenden Plastikdeckel in die untere Öffnung kleben.

2 Den Schuhkarton mit dem Boden nach oben auf die Arbeitsfläche stellen und die Bodenfläche mit grauem Fotokarton bekleben. Mittig einen Kreis von 12 cm Ø anzeichnen und mit dem Cutter ausschneiden.

3 Die Seitenteile des Schuhkartons mit dem Motivkarton umkleben. Nach der Vorlage einen Zinnenkranz von 107 cm x 7 cm aus Feinripp-Wellpappe ausschneiden und etwa 2 cm überlappend um den oberen Rand des Schuhkartons kleben.

4 Den Schuhkarton auf die Röhre stecken und das obere Röhrenteil mit dem Motivkarton beziehen.

5 Für den Verschlussdeckel (siehe Abbildung unten) einen Zinnenkranz von 43 x 7 cm aus Feinripp-Wellpappe ausschneiden (1) und so um eine feste Wellpappscheibe von 13,5 cm Ø kleben, dass der Kranz unten 0,5 cm übersteht. Eine weitere Scheibe (2) von 11,8 cm Ø mit einem Streifen von 37,5 x 4 cm (3) umkleben und mittig auf der Unterseite der größeren Scheibe fixieren: Nach oben zeigen die Zinnen und Schießscharten, nach unten der Verschlussring.

6 Die Burg mit Tor, Fallgitter und Fenstern vervollständigen.

Teddys

Material

Schultüte und Geschwistertüte

- Spitztüte aus Pappe in Gelb, 70 cm
- Spitztüte aus Pappe in Weiß, 35 cm
- Krepppapier in Rot, Blau
- Servietten „Schultüten" (Home Fashion)
- Tonpapier in Weiß oder Laternenfolie, milchig
- Sprühkleber
- Band in Rot, Blau, 25 mm
- Zackenschere

Girlande

- Iron-on-Folie, glänzend
- Buntkordel

Anleitung für die Girlande siehe Schultütenfest

1 Für beide Tüten Manschetten aus Krepppapier zuschneiden (s. Seite 5), den oberen Rand mit der Zackenschere gestalten und einkleben. Bei der großen Tüte einen 5 cm breiten Krepppapierstreifen längs in der Mitte falten, an den offenen Seiten mit der Zackenschere nachschneiden und am Tütenrand fixieren.

2 Die Umrisse der Serviettenmotive grob ausschneiden. Die oberste, bedruckte Lage von den restlichen Schichten lösen und mit Sprühkleber auf weißes Tonpapier oder auf Laternenfolie aufziehen. Die Konturen exakt ausschneiden und die Motive auf die Tüten kleben.

3 Zwei Schultütenmotive ohne Teddy auf die Tütenspitze kleben.

Schultütenfest

Abbildung und Materialangaben Seite 26/27

Für das ***Windlicht*** Iron-on-Folie von 33 x 11,5 cm zuschneiden. Die oberste, bedruckte Lage einer halben Serviette aufbügeln (siehe Anleitung des Herstellers) und die Folie röhrenförmig zusammenkleben.

Für die ***Girlande*** Serviettenmotive auf die Iron-on-Folie bügeln. Jeweils zwei gegengleiche Schultüten zusammenkleben und dabei die Buntkordel einlegen.

Bei den ***Karten*** wie oben beschrieben Sprühkleber und Tonpapier verwenden und die Motive mit Klebekissen aufkleben. Die Tüte der ***Geldgeschenkkarte*** nach der Vorlage innen ausschneiden und den Ausschnitt mit einem gefalteten Geldschein hinterlegen. Bei den ***Serviettenhaltern*** Wäscheklammern an den Motiven befestigen.

Teddybären
unter
sich

Schultüten-fest

Material

- Fotokarton in Gelb
- Tonpapier in Weiß
- Servietten „Schultüten" (Home Fashion)
- Iron-on-Folie, glänzend
- Buntkordel
- Wäscheklammern
- Zierrandschere
- Klebekissen

Zuschnitte

Tischkarte:
10,5 x 7,5 cm (gefaltet)

Einladungskarte:
21 x 15 cm (gefaltet)

Geldgeschenkkarte:
19,5 x 10,5 cm (gefaltet)

Anleitung Seite 24

Vorlage J
(Geldgeschenkkarte)

Tipp
Anstelle von Iron-on-Folie kann auch milchige Laternenfolie verwendet werden. Die Motive dann mit Sprühkleber oder Serviettenkleber aufbringen.

Viel Spaß
in der Schule
Oma

Material

Schultüte und Geschwistertüte

- Spitztüte aus Pappe in Regenbogenfarben, 70 cm
- Spitztüte aus Pappe in Pink, 35 cm
- Krepppapier in Gelb, Grün
- Fotokartonreste
- Bunte Filzblüten mit Nieten, 3,5 cm, 5,5 cm, 8 cm Ø
- Bunte Holzperlenmischung, 8 mm Ø
- Band mit Blüten, 25 mm
- Silberdraht, 0,6 mm Ø
- Zange
- Prickelstift

Accessoires

- Zettelbox aus Pappe, 9,5 x 9,5 x 9,5 cm
- Brustbeutel aus Baumwolle, 17 x 14 cm
- Stifte-Mäppchen aus Baumwolle, 22 x 6 cm
- Bilderrahmen aus Pappe, 17,5 x 17,5 cm
- Stiftebox aus Pappe, 20,2 x 6,8 x 2,7 cm
- Haarspange, 7 cm
- Zwirn
- Nähnadel
- Acrylfarbe in Grün
- Pinsel
- Sprühkleber oder Weißleim
- Heißkleber

Vorlage K

Bunte Blüten

Schultüte und Geschwistertüte

1 Die Stellen, an denen die Blüten angebracht werden sollen, mit einer Prickelnadel vorstechen.

2 Für jede Blüte eine Holzperle auf Silberdraht fädeln, den Draht u-förmig biegen und zusammendrehen. Die Filzblüte aufreihen und den Draht durch das Loch in der Tüte stecken. Auf der Innenseite die Drahtenden aufbiegen und mit kleinen Kartonscheiben von 4 cm Ø überkleben.

3 Eine Manschette aus gelbem und grünem Krepppapier mit bogenförmig eingeschnittenem Rand in die Schultüte kleben (s. Seite 5), die Geschwistertüte erhält eine einlagige gelbe Manschette.

Accessoires

Den ***Bilderrahmen*** und die ***Stiftebox*** mit Krepppapier beziehen. Die noch sichtbaren Pappteile mit Acrylfarbe bemalen. Die Blüten wie oben beschrieben mit Perlen versehen und mit Heißkleber befestigen.
Haarspange und ***Zettelbox*** ebenso mit Blüten ausgestalten. Bei ***Brustbeutel*** und ***Stiftemäppchen*** die Blüten mit Zwirn auf den Stoff nähen.

Tipp

Nach den Vorlagen Blütenformen aus Filz, Fotokarton oder Moosgummi ausschneiden und anstelle der fertigen Filzblüten verwenden.

Material

Schultüte

- Spitztüte aus Pappe in Regenbogenfarben, 70 cm
- Krepppapier in Grün, Orange
- Fotokarton in Weiß, Grün, Hellbraun, Schwarz, Silber
- Gitterband in Orange-Grün, 30 mm
- Langhaarplüsch in Weiß und Silbergrau oder Schwarz
- Gelstift in Silber
- Wasserfester Filzstift in Schwarz

Accessoires

- Ordnungsmappe aus Karton mit Eckspannergummi, DIN A5
- Doppelkarte in Orange, DIN A5
- Satinband in Grün, Orange, 4 mm
- Acrylfarbe in Grün
- Pinsel
- Wiederablösbarer Klebstoff

Vorlagen
L1 (Schultüte)
L2 (Mappe)
L3 (Karte)

Für Pferdeliebhaber

Schultüte

1 Eine Manschette aus grünem Krepppapier und eine weitere aus orangefarbenem Krepppapier mit spitz eingeschnittenen Rändern einkleben (s. Seite 5).

2 Für den oberen Tütenrand einen 5 cm breiten Krepppapierstreifen längs in der Mitte falten, an den offenen Seiten gezackt einschneiden und am Tütenrand fixieren.

3 Pferde, Grasflächen und Hufeisen nach den Vorlagen zuschneiden. Die Pferde mit dem silberfarbenen Gelstift ausgestalten und als Mähne einen schmalen Streifen Langhaarplüsch hinterkleben. Alle Motive auf der Tüte platzieren.

Accessoires

Die ***Mappe*** innen und am Rand blau grundieren und trocknen lassen. Außen mit Krepppapier bekleben und mit einem Pferd, Hufeisen sowie einer Grasfläche verzieren.
Die ***Karte*** „Zum Schulanfang" ebenfalls mit Pferd, Gras und Hufeisen schmücken. Einen Geldschein ziehharmonikaartig falten, in der Mitte mit Satinbändchen abbinden und auffächern. Achtung: Nur mit wiederablösbarem Klebstoff auf der Karte fixieren.

Tipp

Die Pferdemähnen können auch aus Fotokarton zugeschnitten werden.

Zum Schulanfang

Impressum

ISBN 3-419-56672-7

Lektorat und Produktion:
Elke Fox, Freiburg

Styling und Fotos:
Christoph Schmotz, Freiburg

Covergestaltung und Layoutentwurf:
Network!, München

Coverrealisierung:
smp, Freiburg

Druck:
Freiburger Graphische Betriebe

Verlag Herder GmbH
Christophorus-Verlag
Hermann-Herder-Str. 4
79104 Freiburg
Tel.: 0761/2717-0
Fax: 0761/2717-352
E-mail:
info@christophorus-verlag.de
www.christophorus-verlag.de